COURTE RÉPONSE

AUX

COURTES EXPLICATIONS

DE M. CHATEAUBRIAND,

SUR

LE REFUS DES 12,000 FRANCS

OFFERTS AU NOM DE LA DUCHESSE DE BERRY POUR LES INDIGENS ATTEINTS DU CHOLERA :

PAR J. P. A. P***. DE LA HAUTE GARONNE.

PARIS,

Chez GILIBERT, LEVAVASSEUR et DELAUNAY,

LIBRAIRES, AU PALAIS-ROYAL.

—

1832.

Opprimé et jamais oppresseur, vierge de tout esprit de parti, et des bienfaits des gouvernemens qui se sont succédés jusqu'à ce jour, je n'ai jamais connu que la France dans mes pensées comme dans mes actions.

Intimément et très-profondément convaincu que le retour de la branche aînée des Bourbons ne pourrait s'opérer qu'en versant jusqu'à la dernière goutte du sang le plus pur et le plus noble, celui des patriotes, j'ai cru remplir un devoir civique en combattant votre habile plaidoyer pour l'enfant du hasard, converti en enfant du miracle.

J'ai l'honneur d'être, avec une très-haute considération,

Monsieur,

Votre très-humble et très-obéissant serviteur,

J. P. A. P.

COURTE RÉPONSE

AUX

COURTES EXPLICATIONS

DE M. CHATEAUBRIAND.

Viser à l'effet est une manie de l'époque où nous vivons : malgré l'élévation de votre génie littéraire, vous n'avez pu vous dispenser de payer votre tribut à cette petite faiblesse de la vanité humaine.

J'eus, à l'époque de l'avénement de *Charles X*, l'honneur de vous adresser quelques observations relatives à votre brochure sur la censure ; je n'avais pas la folle et téméraire présomption de pouvoir atteindre cette richesse et cette élégance de style qui ont marqué votre rang parmi les plus célèbres écrivains de notre siècle ; mon langage, simple et dépouillé de toute emphase, avait pour but de prouver que vous aviez mal saisi la nature, l'objet et l'essence du gouvernement représentatif, qui seul pouvait et peut encore garantir ce repos, cette stabilité et cette grandeur qui conviennent à une grande nation comme la nôtre.

Comme alors, je suis un pygmée qui ose attaquer un géant ; mais, voulant user du privilège de faire connaître toute ma pensée, je me permettrai d'assez courtes réflexions sur vos courtes explications relatives au refus des 12,000 fr. offerts au nom de la duchesse de Berry pour venir au secours des indigens atteints du choléra.

Votre indignation, plus admirée dans le faubourg Saint-Germain qu'admirable assurément, à l'idée de ce refus, vous a porté à stygmatiser la révolution de juillet, et ce pour tâcher de nous ramener sous l'empire jésuitique et absolu de la branche ainée des Bourbons, que vous présentez comme devant être l'*eldorado* du peuple français.

Pour ce qui concerne ce refus, je ne me permettrai qu'un terme de comparaison.

Si un brigand d'une main vous plongeait un fer homicide dans le cœur, et si de l'autre main il vous présentait un baume pour mettre sur la blessure , que feriez-vous ? Repousser avec un frémissement d'horreur, l'offre de votre assassin.

Il en est de même à l'égard du don pécuniaire de la duchesse de Berry.

L'autorité administrative eût été vraiment coupable, si elle avait reçu les 12,000 fr. offerts par la duchesse de Berry, à l'effet de soulager les cholériques, alors que cette princesse fait répandre, soit à Paris, soit dans les départemens de l'ouest et du midi, tout l'or dont elle peut disposer, pour allumer en France les torches de la guerre civile, mille fois plus terrible que l'épidémie qui décime notre cité, alors qu'elle s'agite au dehors pour organiser une croisade européenne, contre notre indépendance nationale.

En définitive, un denier pour le choléra, et des millions pour la révolte intérieure et la guerre étrangère !

Est-ce là un motif digne de votre verve ?

Ne craignez-vous pas d'avoir rapetissé votre grande réputation et d'avoir rabaissé l'auréole de gloire qui entourait votre nom?

L'ostentation de cette offre de 12,000 fr. et la publicité affectée qu'on lui a donnée, n'est-elle pas un prétexte pour avoir occasion de faire de la politique contre-révolutionnaire, tandis qu'il y avait plusieurs moyens de faire parvenir ce secours aux malheureux, avec le secret que la charité religieuse commande ?

L'idée qu'on eut pu convertir en conspiration l'aumône de madame de Berry, est trop absurde pour mériter une sérieuse réfutation.

Ce n'est pas dans les hôpitaux qu'on va faire des conjurations; ce n'est pas avec des choléri-ques souffrans et moribonds qu'on fait de la chouannerie ou de la contre-révolution, ce n'est pas avec 12,000 fr. qu'on organise de vastes com-plots et des guerres civiles.

L'offrande de l'étrangère n'a été faite que pour pouvoir exercer l'initiative de la critique des me-sures du gouvernement, et d'exciter les discordes intestines.

N'autorisez-vous pas à croire que vos brochu-res sont comme ces oiseaux de mer, précurseurs des orages et des tempêtes? Vos courtes explica-tions sur l'offrande des 12,000 fr. pour les in-digens, paraissent à Paris en même temps que le drapeau blanc est arboré à Marseille, et qu'on parle du débarquement de la duchesse de Berry près de Nice, ne pouvant s'effectuer selon le plan, à Marseille.

Comment, vous, qui voulez faire croire à vo-tre amour pour la France et la liberté, repré-sentez-vous (pendant la guerre civile flagrante) cette moitié de la France, le midi et l'ouest, la Vendée et la Bretagne, *comme une espèce de camp au repos sous les armes ; formant une admirable réserve de la légitimité, mais insuffisante comme avant-garde, et ne prenant pas l'offensive ?* Cependant les chouans de l'ouest et les carlistes du midi sont tous les jours sous les armes, et en action contre les populations nationales !

Vous voulez vous nationaliser en invoquant la déclaration de 1717, sous la régence de *Philippe d'Orléans*, et le règne de *Louis XV* sur les droits de la nation, seule à disposer de le couronne. M. *Roderer* avait publié ce *document législatif* dans son esprit de la révolution, publié en 1831 (p. 229), ou bien comment n'avez - vous pas réclamé les dispositions de l'édit de 1777, lorsque les souverains étrangers sont venus nous imposer *Louis XVIII*, et que *Louis XVIII*, à son tour, nous a octroyé et imposé une charte ?

En lançant parmi les français un brûlot politique, n'avez-vous pas à appréhender que l'on ne pense que, vous enivrant comme tous les ultrà-royalistes au tonneau des illusions, vous aspirez à devenir le chef de la régence sous Henri V, que je considérerai comme le plus grand fléau qui put désoler notre belle patrie ?

Ah ! détrompez-vous ; il en sera heureusement de la branche aînée des Bourbons pour rentrer en France, comme du rivage des morts que l'on ne voit pas deux fois.

Malgré tout l'appui de votre plume éloquente, vous serez impuissant à persuader au peuple, qu'il ait jamais été aimé des descendans des *émigrés Capet,* et qu'ils aient jamais rien fait pour son bonheur.

Vous remuerez en pure perte tout l'ascendant de votre esprit et toute la chaleur de votre imagiuation orientale, pour détruire l'opinion formée depuis 1789, et affermie par les quinze ans de la déplorable restauration, que les capétiens ont toujours été et seront à jamais antipathiques avec les sentimens et les intérêts nationaux.

Le bon sens général indique au peuple là où se trouvent les protecteurs de ses droits, et certes ce n'est pas dans les exilés d'Holyrood et dans leurs adhérens qu'il ira les chercher. L'histoire ne lui a-t-elle pas appris qu'à toutes les époques, les séïdes de cette dynastie ont toujours fait opprimer, torturer et même assassiner les défenseurs des droits de l'homme ? Ne sait-il pas qu'en 1815 les royalistes ont emprisonné, exilé et égorgé au nom de la religion et de la liberté ; et que les libéraux en 1830 ont pardonné au nom de la patrie et de l'humanité ?

Personne n'applaudit plus sincèrement que moi, au zèle ardent et au talent distingué avec lequel vous défendîtes les principes constitutionnels immédiatement après votre chûte du pouvoir.

Personne plus que moi, ne rendait un véritable hommage à cette noble indépendance qui caractérisait vos écrits, et surtout vos catilinaires contre le ministère *Villèle*, si indigne de gouverner la France.

Je me plaisais à juger vos intentions comme très-pures et très désintéressées. Je dirai plus : je vous croyais guidé par l'amour du bien public ; je songeai seulement que vous vous étiez fait illusion au point de croire à la liberté de vos concitoyens, lorsque vous étiez appelé à manier l'arme cruelle et injuste du pouvoir arbitraire, qui a pesé si long-temps sur notre belle France.

Tout en admirant l'énergie avec laquelle vous signaliez aux Français l'ineptie et l'excès d'insolence du ministère qualifié de déplorable à si juste titre, je m'affligeai sincèrement de ce que vous les traitiez comme s'ils étaient plongés dans l'ignorance la plus crasse, et dans une extrême imbécillité. N'était-ce pas en effet les croire tout-à-fait idiots, que de vouloir leur persuader que la cérémonie du sacre, qui n'est qu'une copie absurde d'un ancien appareil judaïque, devait accroître leur vénération pour leur monarque, et imprimer au diadême un caractère de sainteté? N'était-ce pas vouloir les faire reculer de 14 siècles, que d'espérer qu'ils ajouteraient foi à cette fable d'un archevêque de Reims, qui assurait qu'un pigeon avait apporté du ciel une fiole renfermant la sainte ampoule, destinée à sacrer les rois de France?

Ah! si les superstitions ont abruti pendant plusieurs siècles l'entendement humain, et retardé le développement des lumières qui tendent à rendre les hommes meilleurs, ne devions-nous pas redouter que le ridicule de certaines cérémonies religieuses, et l'hypocrisie de presque tous les journalistes et écrivains de cette époque, ne parvinssent à faire du peuple français, si connu par sa loyauté et son esprit, un peuple de fourbes et d'imbécilles?

En fallait-il d'avantage pour faire croire que vous ne parliez de liberté, que lorsque vous étiez forcé de rentrer dans la vie privée, et qu'une fois arrivé au pouvoir, tous vos actes étaient hostiles contre cette idôle des âmes généreuses et élevées? Malheureusement, votre conduite diplomatique au funeste congrès de Véronne, et votre projet de loi sur la septennalité, en étaient une preuve irréfrgapale.

Pourquoi faut-il que tous les antécédens de votre vie politique soient en opposition manifeste avec ces principes républico-monarchiques dont vous faites un pompeux étalage, et dont vous tracez un tableau si séduisant?

Ne donnez-vous pas à penser que votre langage en fait de sincérité, a une imitation sympathique avec celui de la cauteleuse *Gazette de France* qui sans cesse réclame la convocation des états généraux?

Si vous établissez qu'un congrès national est nécessaire pour reconnaître les droits d'Henri V; on peut en déduire cette conséquence que la restauration était une usurpation.

Comment sous un roi nommé en vertu de la souveraineté du peuple, et sous le règne duquel vous vivez libre et tranquille; comment avez-vous pu prononcer ces paroles qui équivalent à *plus qu'une abdication* (pages 40 et 41).

« Si la légitimité revient, elle reviendra par » le vœu de toutes les communes, aidé du con-» cours de toutes les opinions, de l'adhésion de » la garde nationale, de l'armée, des tribunaux, » des pouvoirs constitués et de la royauté même » de juillet. »

Je finis par une observation qui m'a épouvanté, non pas pour la France que rien n'épouvante et à qui rien ne saurait faire peur, mais pour vous qui osez vous déclarer le ministre plénipotentiaire d'une famille bannie et menaçante, et, pour ne pas être accusé d'exagération, je remets sous les yeux de mes lecteurs ces paroles (pages 32 et 33) :

« Heureux d'avoir été choisi par madame la » duchesse de Berry pour répandre ses bienfaits, » je suis de plus formellement autorisé par la » princesse exilée, à sympathiser, en son nom, » avec toutes les infortunes de la France, comme » à prendre part à tout ce qui peut contribuer à » la prospérité, à la concorde, à la liberté et à la » gloire du royaume, je m'empresserai d'obéir à ce » double mandat, tant que je serai retenu dans » ma patrie par ses malheurs. Ainsi je serai, si » l'on veut, l'ambassadeur de la vieille France au- » près de la France nouvelle dont je parle la lan- » gue couramment sans faux accent et sans gri- » mace. »

Il m'est impossible, Monsieur, de finir ma ré- ponse, sans faire observer votre insidieuse tacti- que en parlant des nombreuses pétitions qui vous sont adressées pour les 8,000 fr. restés dans vos mains : vous y flétrissez d'abord tous les réfugiés des diverses nations, vous accusez d'in-humanité les parisiens qui ont déjà fait tant de sacrifices généreux pour les indigens cho-lériques, vous accusez l'administration d'une insensibilité répréhensible, si elle existait : que de bruit et de jactance pour vos misérables 8,000 fr.

Enfin, dans la grande lutte qui eut lieu entre la restauration imposée par les bayonnettes étran-gères et les droits imprescriptibles de la nation, défendus par tous les citoyens, la contre-révo-lution a été vaincue.

Depuis ces immortelles journées, il est écrit en caractères indélébiles sur le drapeau blanc : Honte, asservissement et misère pour la France, si elle est assez lâche pour le laisser flotter sur le clocher du dernier de ses villages. On lit au con-traire sur le glorieux drapeau tricolore : Gloire, indépendance et prospérité pour la France, tant qu'il ornera ses édifices publics.

Pour un français véritable ami de son pays, le choix n'est pas douteux.

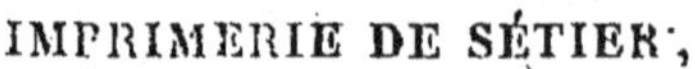

IMPRIMERIE DE SÉTIER,

RUE DE GRENELLE SAINT-HONORÉ, N° 29.